Mein cleveres Vorschulbuch

Logisches Denken und Konzentration

Kaufmann Verlag

Bibliografische Information der Deutschen Bibliothek
Die Deutsche Bibliothek verzeichnet diese Publikation in der Deutschen Nationalbibliografie;
detaillierte bibliografische Daten sind im Internet über http://dnb.ddb.de abrufbar.

1. Auflage 2025
© 2025 Verlag Ernst Kaufmann GmbH, Alleestraße 2, 77933 Lahr
www.kaufmann-verlag.de

Illustrationen: Nadine Bougie
Text und Konzept: Kristin Lückel

Printed by Leo Paper
ISBN 978-3-7806-6549-2

Carlo hat einen Turm gebaut. Welche Bausteine hat er dafür verwendet? Umkreise die richtige Gruppe.

Wem gehört welcher Drachen?
Folge den Linien und finde es heraus.

Luis überlegt: Welche Dinge heißen gleich?
Hilf ihm und verbinde sie.

Alle Dalmatiner sollen genau sieben Flecken haben.
Male die fehlenden dazu.

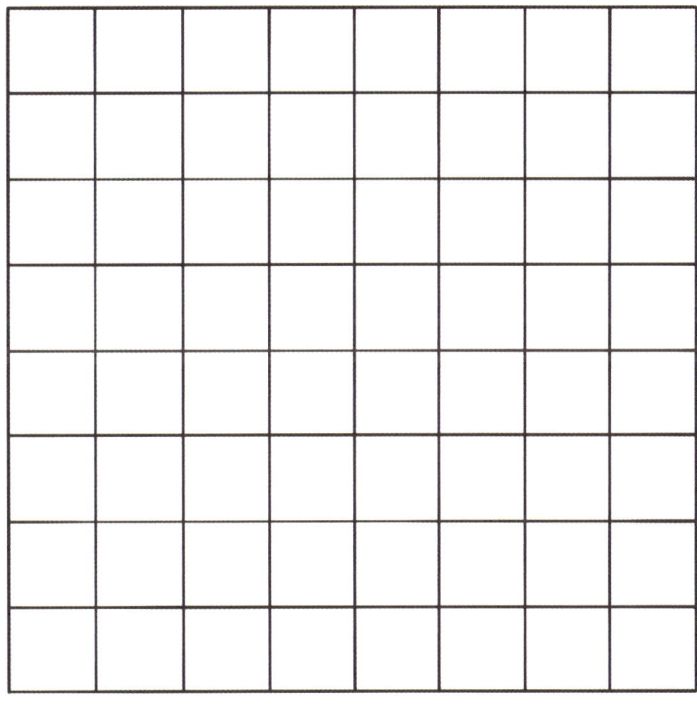

Melanie möchte das Muster in das
untere Feld malen, kannst du ihr helfen?

Zähle in jeder Reihe die Gegenstände zusammen und schreibe die richtige Zahl in das Kästchen.

Hase Hubertus sucht alle Dinge, die mit einem H anfangen. Hilfst du ihm?

Diese Tiere sind in Wirklichkeit unterschiedlich groß.
Verbinde von klein nach groß.

Von jedem Chamäleon gibt es genau zwei,
von einem sogar drei. Findest du es?

AUSGANG

Welchen Weg müssen Felix und Lara nehmen,
um ohne Hindernisse aus dem Park zu kommen?
Kannst du ihnen helfen?

NSEL

REZEL

EE

OLLI

OND

Welcher Anfangsbuchstabe ist der richtige?

Drache Dragomir hat heute besonders gute Laune
und macht die wildesten Flugübungen.
Kannst du seine Flugwege nachzeichnen?

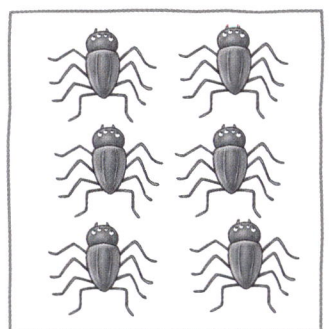

Verbinde die Kästchen, in denen dieselbe
Anzahl von Tieren ist.

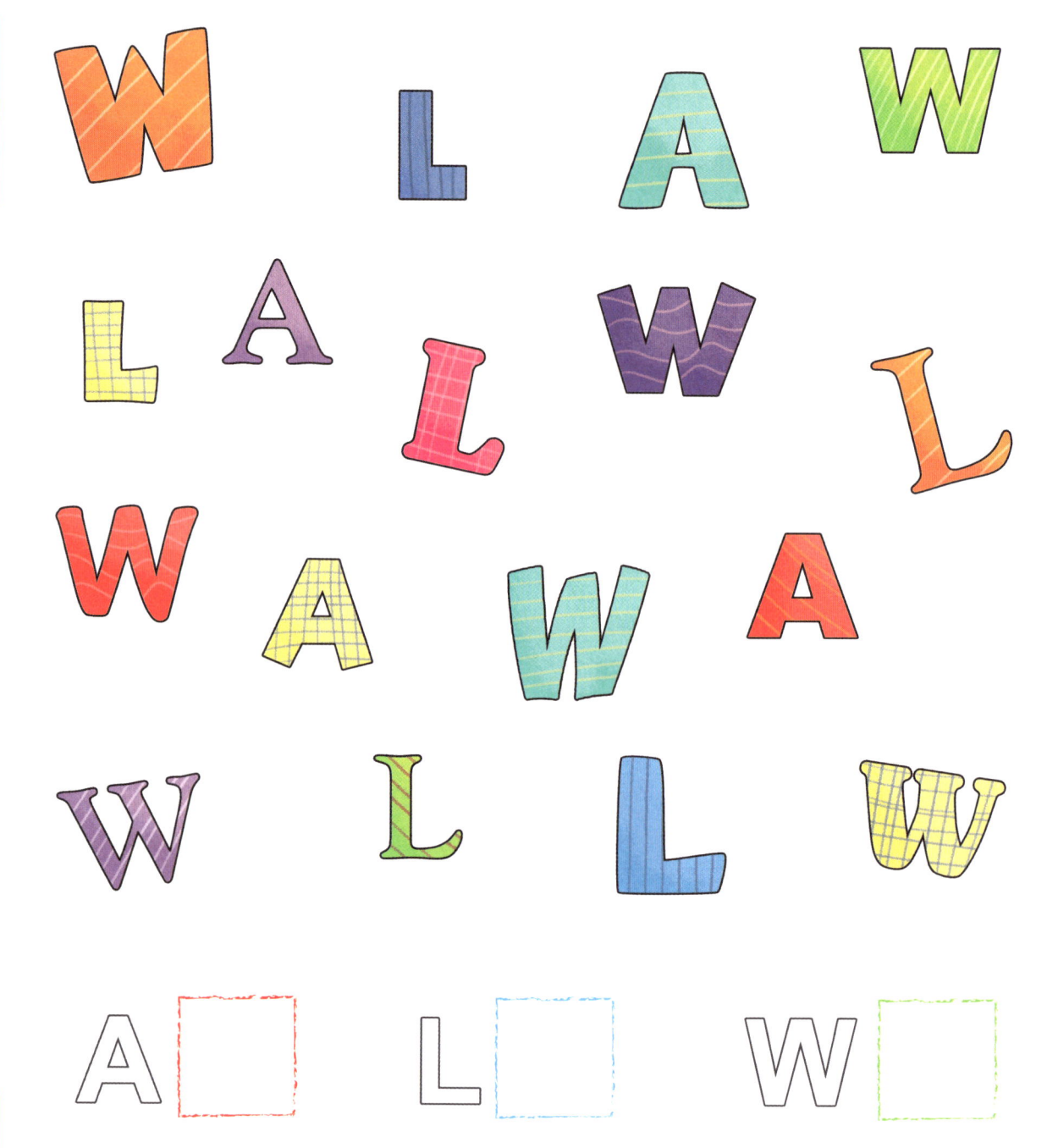

A 🟥   L 🟦   W 🟩

Buchstabensalat: Umkreise alle A grün,
alle L rot und alle W gelb. Wie viele zählst du?

Was gehört nicht ins Kinderzimmer?
Finde die fünf Dinge und streiche sie durch.

Felix überlegt, in welchen Dingen man ein O hört.
Kreise die Dinge ein.

Moment mal, hier ist doch einiges falsch.
Finde die fünf Fehler und kreise sie ein.

Lisa ist fast fertig mit ihrem Puzzle.
Hilfst du ihr, es fertigzustellen?

H
R
L
K
B
S
P
M

Verbinde jeden Gegenstand mit seinem Anfangsbuchstaben.

Anna mag am liebsten Sachen, die mit A anfangen.
Welche fallen dir ein? Male sie.

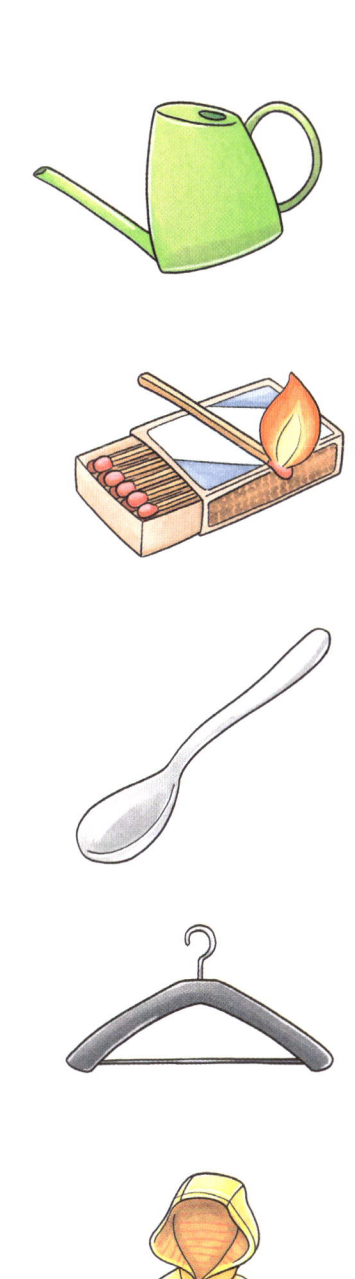

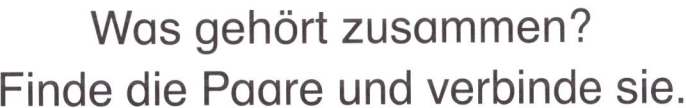

Was gehört zusammen?
Finde die Paare und verbinde sie.

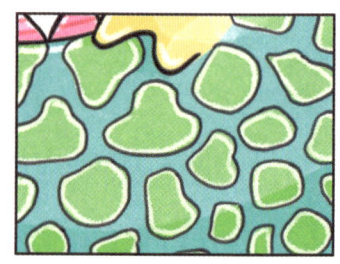

Welcher Ausschnitt gehört zu welchem Monster?

Was ergibt zusammen ein neues Wort?
Verbinde die Bilder miteinander.

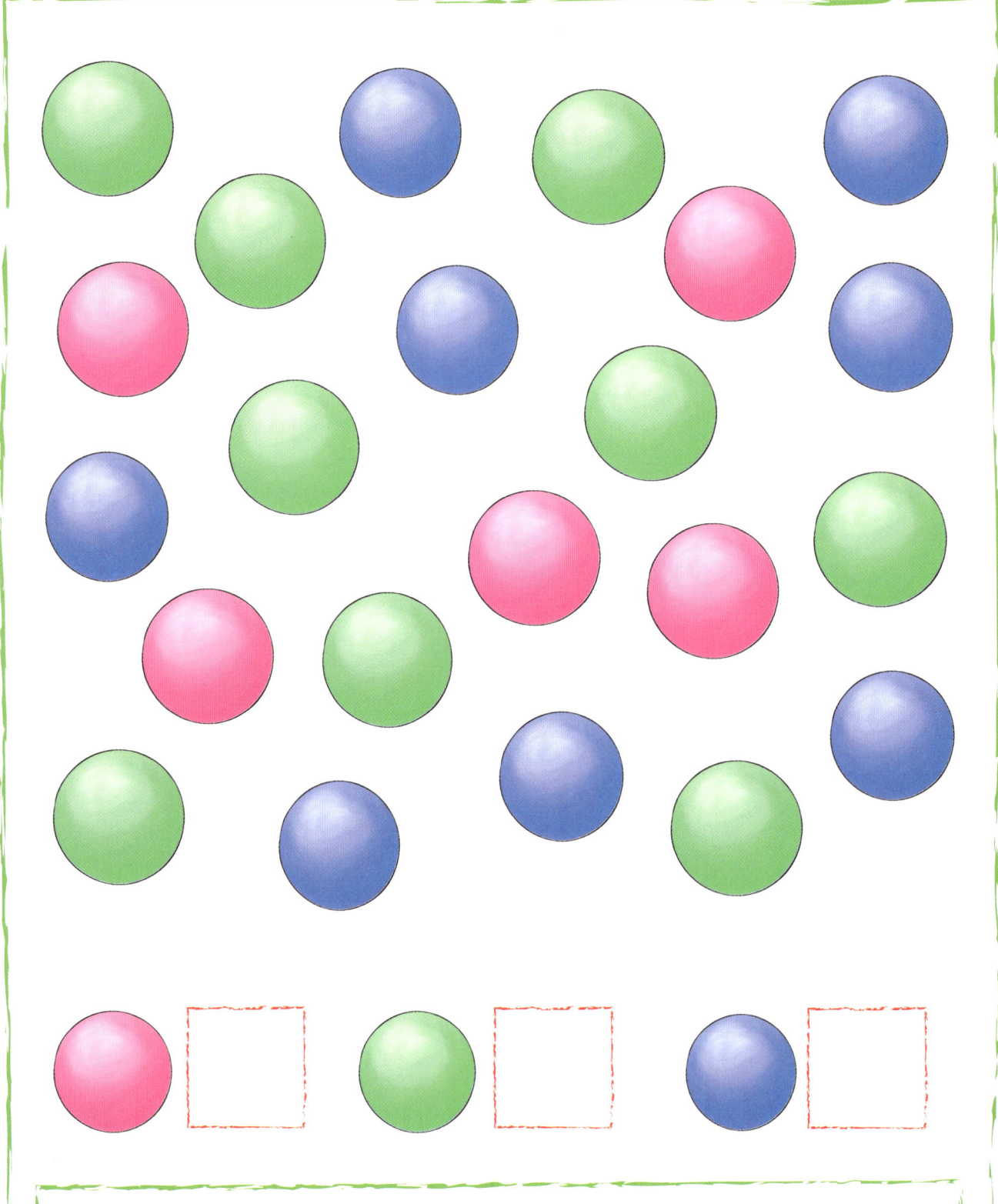

Hoppla, Jonas hat seine Murmeln fallen lassen.
Hilf ihm, sie aufzusammeln und zähle sie.

Kannst du schon rechnen? Zähle die Fabelwesen zusammen und schreibe die Anzahl in die Kästchen.

Welches Bild hat keinen Partner?
Kreise es ein.

Nur zwei Katzen haben genau das gleiche Muster.
Verbinde sie miteinander.

1 2 3 4 5

Klara möchte Timo ein Bild schenken.
Hilf ihr, es in den entsprechenden Farben anzumalen.
Was siehst du?

Acht Dinge sind im unteren Bild falsch.
Finde sie und kreise sie ein.

Sieh dir die Bilder genau an.
Wo entdeckst du Unterschiede?

Auf welcher Seite sind mehr, links oder rechts?
Kreise ein.

Wer hat welche Fußspuren hinterlassen?

Was gehört zusammen?
Verbinde die Paare miteinander.

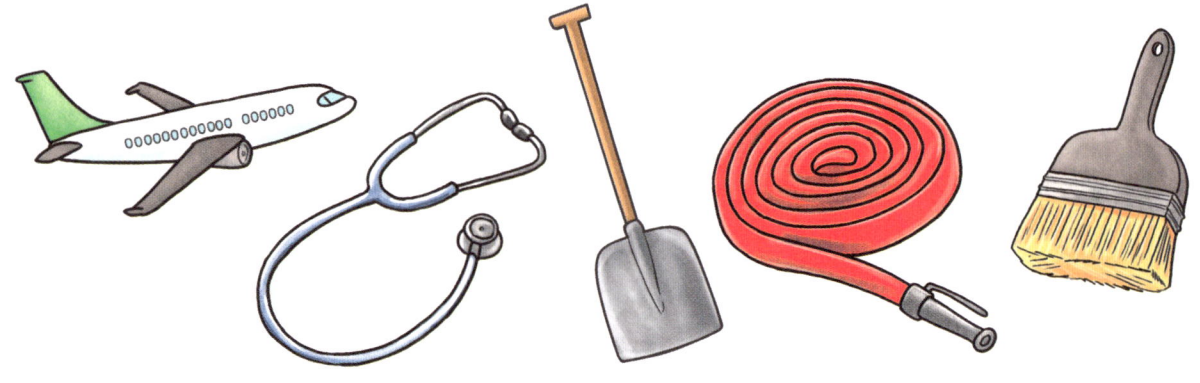

Welcher Gegenstand gehört zu
welchem Beruf?

In jeder Reihe hat sich bei einem Bild ein
Fehler eingeschlichen. Kannst du ihn finden?

 **T G M S I**

 **E R L Z X**

 **B A P N R**

 **I T V K A**

 **F U G W E**

Welcher Buchstabe ist der richtige? Kreise den Anfangsbuchstaben des jeweiligen Gegenstands ein.

Sophia überlegt, in welchen Dingen man ein I hört.
Kreise die Dinge ein.

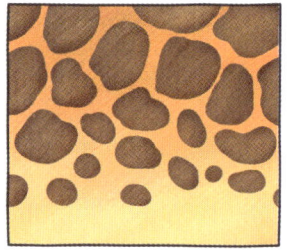

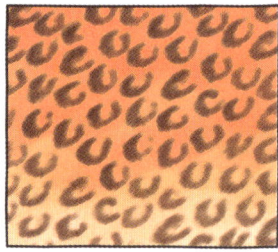

Verbinde das jeweilige Tier mit dem richtigen Fell.

Kreise alle Dinge, die von Tieren kommen, orange, und alles Gemüse grün ein.

In jeder Reihe hat sich etwas eingeschlichen, das nicht dazugehört. Streiche den falschen Gegenstand durch.

Torben hat eine Tüte mit Spielzeugautos bekommen.
Hilf ihm, zu zählen, wie viele er jeweils hat.

Umkreise alle Tiere, die im Wasser leben,
blau, und alle, die unter der Erde wohnen, braun.

Welcher Beruf braucht welchen Gegenstand?

Diese Fahrzeuge sind in Wirklichkeit unterschiedlich groß. Verbinde von klein nach groß.

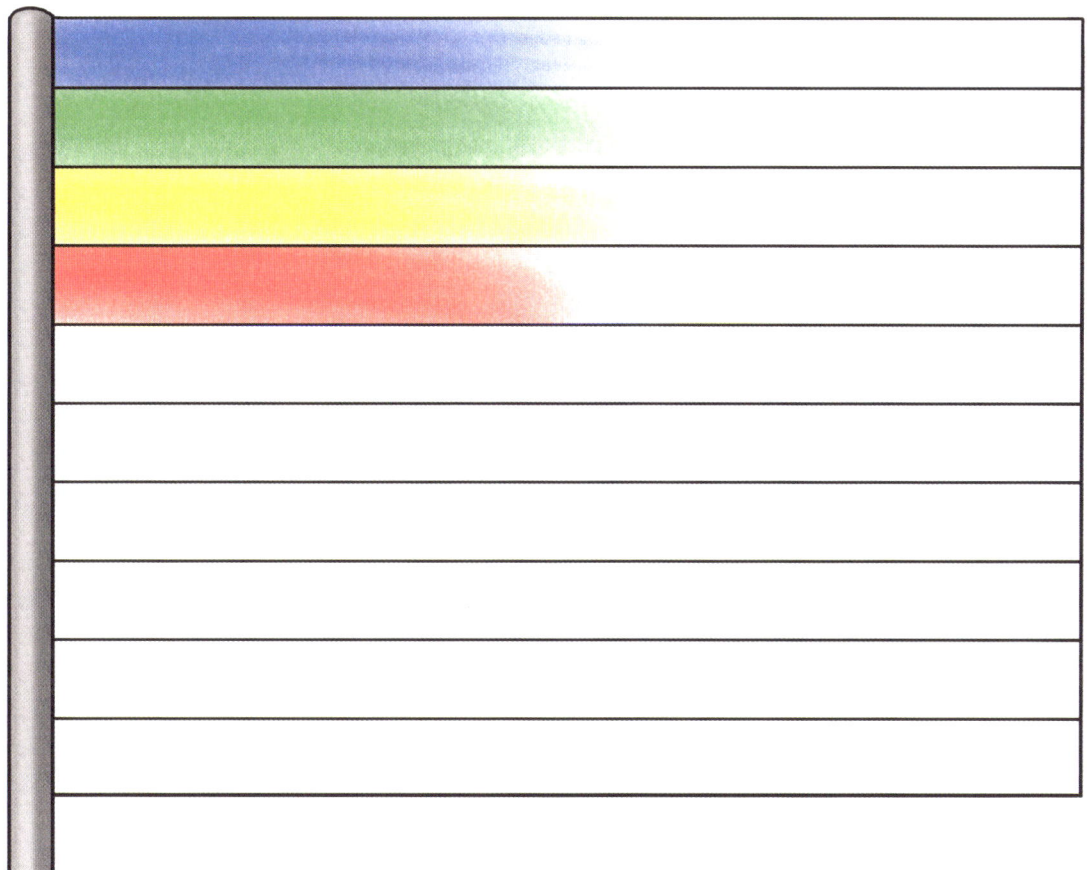

Ritter Rudi bereitet sich auf sein großes Turnier vor und malt seine Fahne bunt an. Die Farben sollen immer die gleiche Reihenfolge haben. Kannst du ihm helfen?

Welche Farben wurden benutzt, um die Bilder zu malen? Vergleiche und verbinde.

Prinzessin Pauline hat ihre Edelsteine verloren.
Suche die Edelsteine und kreise sie ein.

Wie heißt der Hund?
Schreibe die Anfangsbuchstaben der Dinge in die Kästchen und du erfährst seinen Namen.

Jeder Frosch hat ein passendes Schattenbild.
Suche es und verbinde es mit dem richtigen Frosch.

$$8 - 4 = \boxed{}$$

$$5 + 2 = \boxed{}$$

$$3 + 6 = \boxed{}$$

$$7 - 1 = \boxed{}$$

Kannst du schon rechnen?
Trage die Ergebnisse in die Kästchen ein.

Welches Raumschiff sieht anders aus?
Finde es und kreise es ein.

Finde die Gegensätze und verbinde sie miteinander.

Oje, Luise ist gestolpert und hat das Teeservice fallen lassen. Sie möchte alles kleben. Hilfst du ihr und verbindest die Scherben mit dem jeweiligen Gegenstand?

Was gehört zusammen?
Finde die Paare und verbinde sie.

Bringe die Bilder in die richtige Reihenfolge!

Im Supermarkt wurde aufgeräumt, aber in jeder Reihe hat sich etwas eingeschlichen, das nicht dazugehört. Kannst du es finden?

Oje, Noah muss dringend wieder im Garten aufräumen. Finde die sechs Dinge, die nicht dorthin gehören, und male sie aus.

Male alle Drachen so an, dass sie unterschiedlich aussehen. Verwende für jeden Drachen die Farben Lila, Blau und Orange.

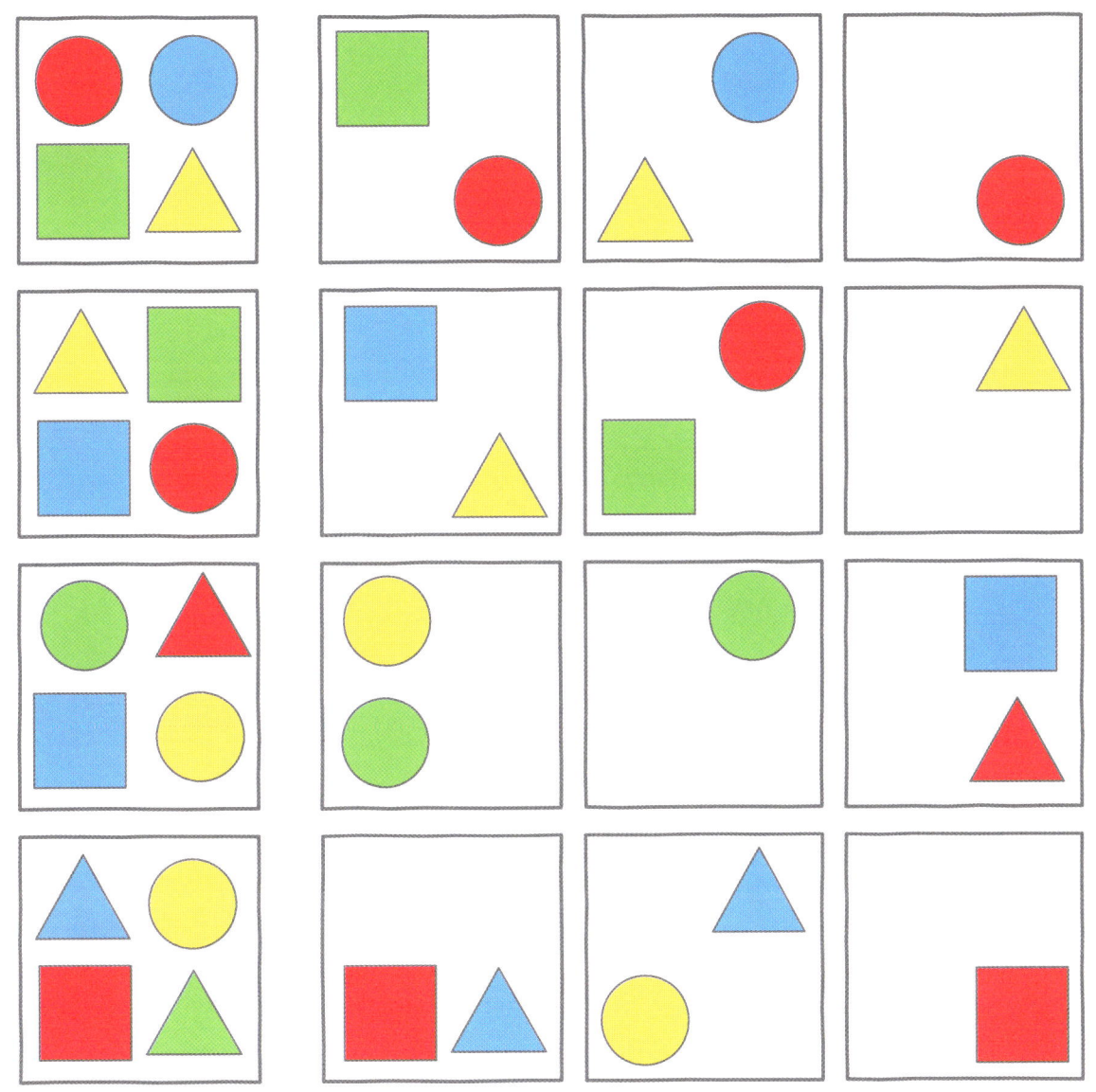

In jeder Reihe fehlen einige Gegenstände. Schau genau hin und male sie dazu.

Vampir Viktor hat sich verflogen. Kannst du ihm helfen und den Weg zu seiner Burg einzeichnen?

Tiere und Tierkinder – wer gehört zusammen?
Verbinde sie.

Verbinde die Zahlen von 1 bis 10 sowie die
Buchstaben von A bis Z in der richtigen Reihenfolge,
dann siehst du, welches Tier sich hier verbirgt.

Aus welchen Tieren wurde das
Fantasietier geschaffen? Streiche durch,
welche Tiere nicht vorkommen.

Wo haben sich die Hühner auf dem Bild versteckt?
Kannst du sie finden?

In jeder Reihe hat sich etwas eingeschlichen, das nicht dazugehört. Streiche den falschen
Gegenstand durch.

Nur zwei Kühe sehen genau gleich aus.
Verbinde sie miteinander.

Acht Dinge sind im unteren Bild falsch. Finde sie und kreise sie ein.

Leo überlegt, welche Farbe jeweils in die
leeren Kästchen gehört. Achte darauf, dass die
Farbe in jeder Reihe nur einmal vorkommt.

Die Bienen machen heute lustige Flugübungen.
Male ihre Flugwege nach.

Milo hat sich ein Mandala ausgedacht.
Magst du ihm helfen und es fertig ausmalen?

Seite 3

3   **4**   **1**   **2**

Seite 4

Seite 5

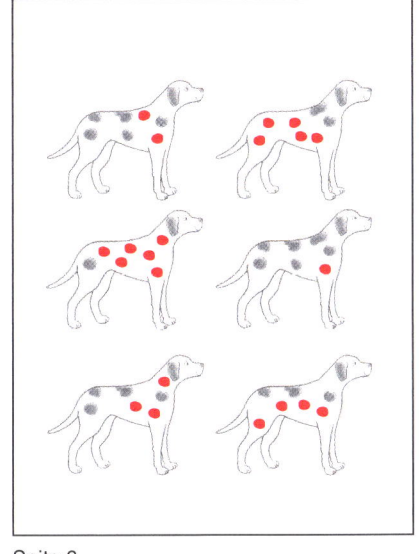

Seite 6

Seite 7

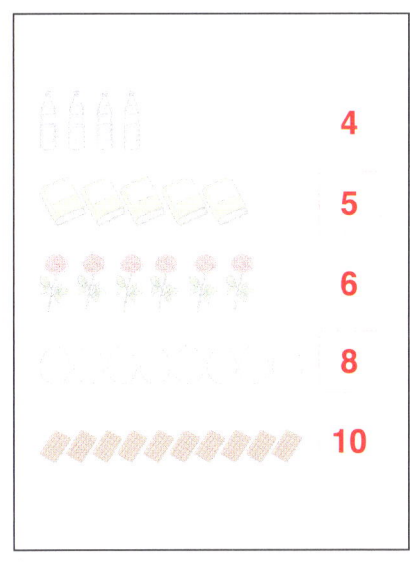

4

5

6

8

10

Seite 8x

Seite 9

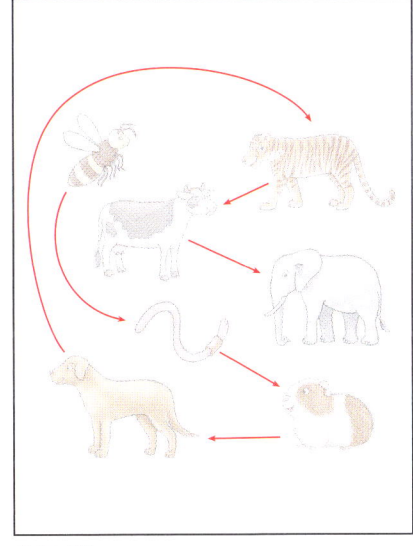

Seite 10

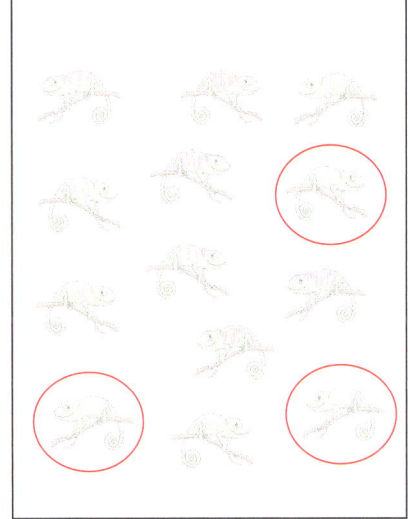

Seite 11

73

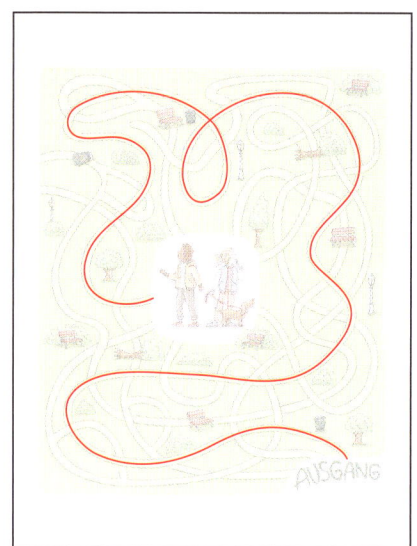

Seite 12

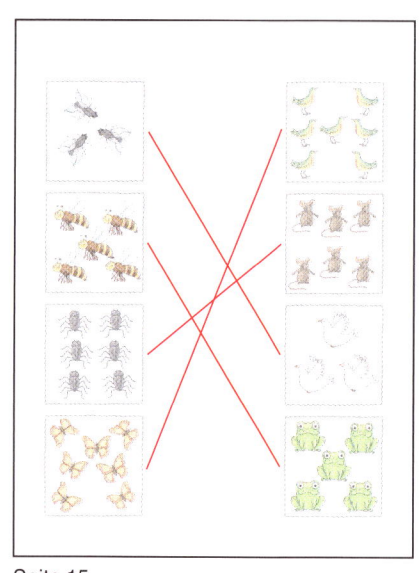

Seite 13

Seite 15

Seite 16

Seite 17

Seite 18

Seite 19

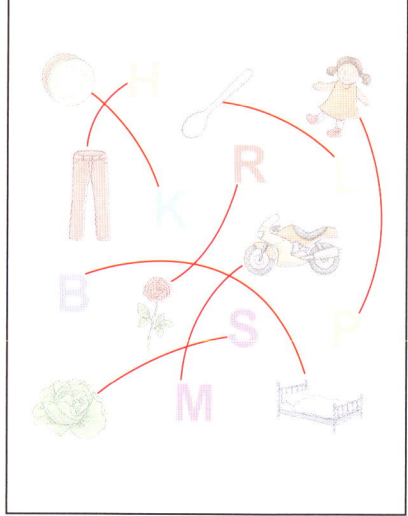

Seite 20

Seite 21

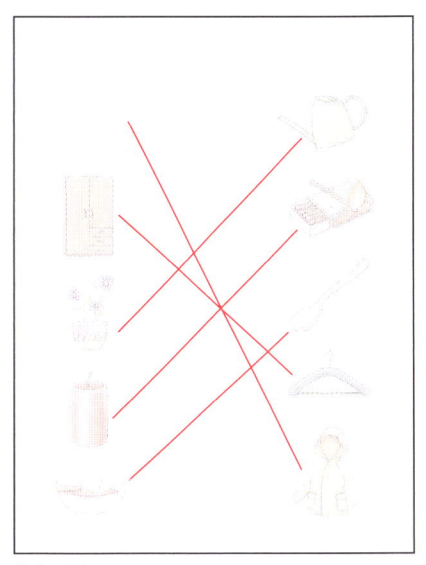

Seite 23

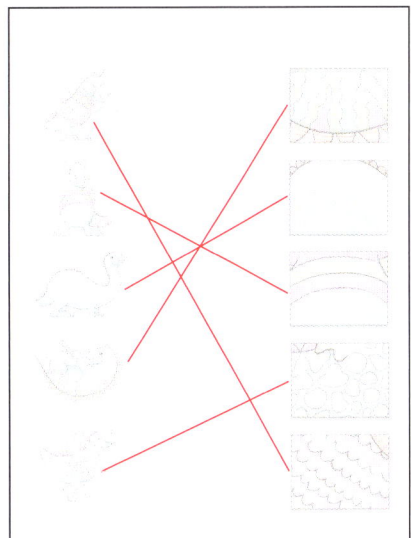

Seite 24

Seite 25

Seite 26

Seite 27

Seite 28

Seite 29

Seite 30

Seite 31

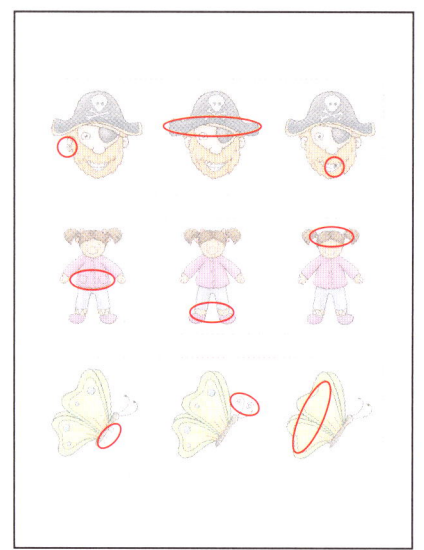

Seite 32

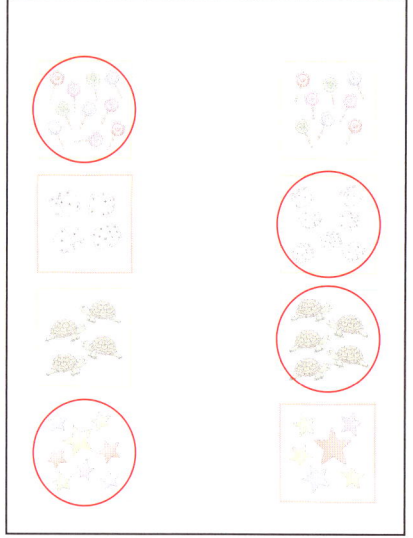

Seite 33

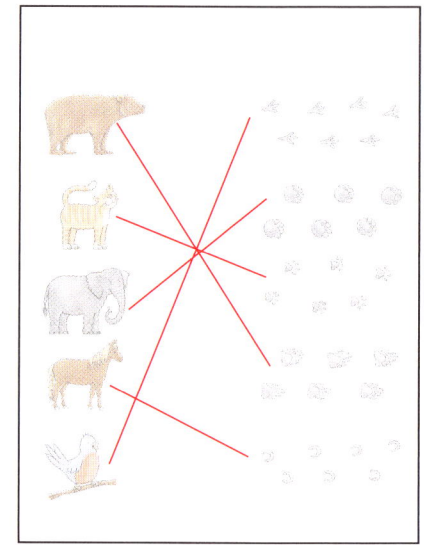

Seite 34

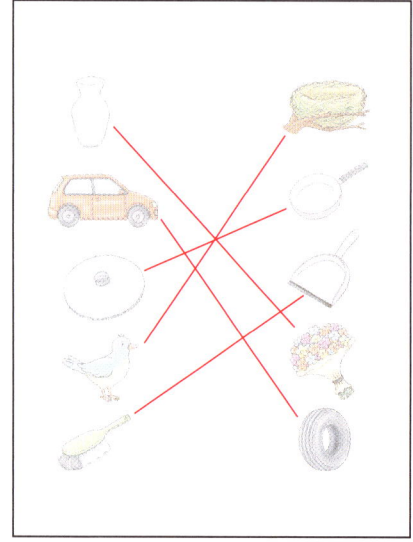

Seite 35

Seite 36

Seite 37

Seite 38

Seite 39

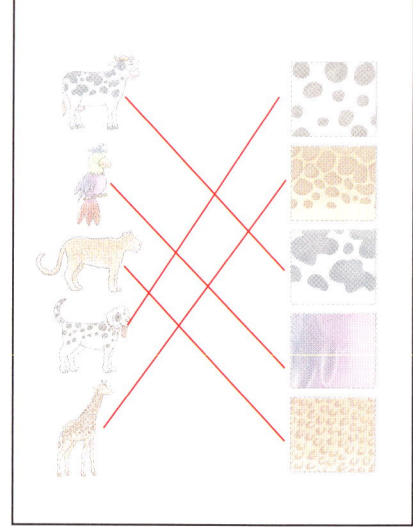

Seite 40

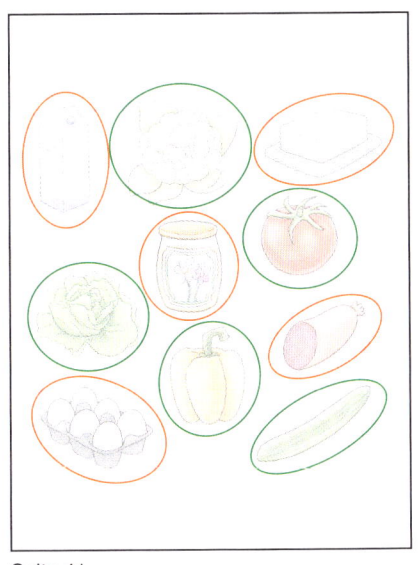

Seite 41

Seite 42

Seite 43

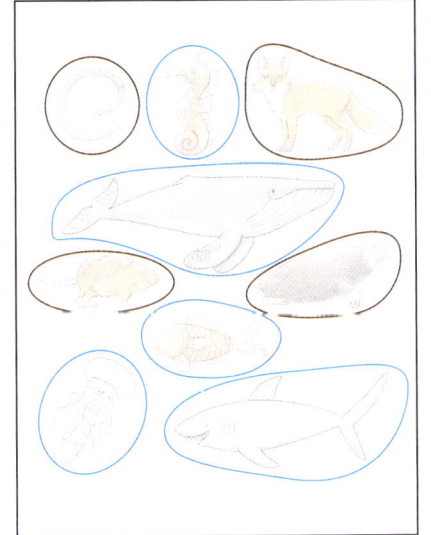

Seite 44

Seite 45

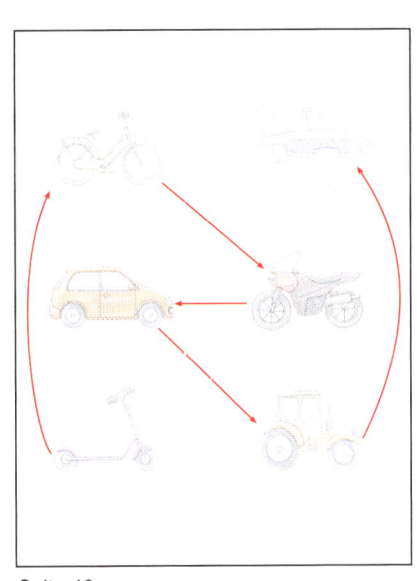

Seite 46

Seite 48

Seite 49

Seite 50

Seite 51

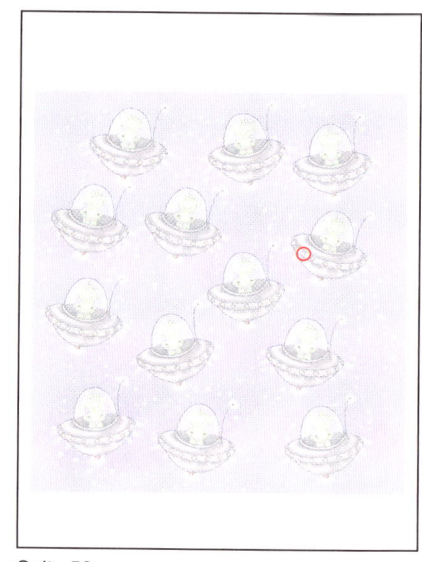

$$8 - 4 = \textbf{4}$$
$$5 + \; = \textbf{7}$$
$$3 + \; = \textbf{9}$$
$$7 - 1 = \textbf{6}$$

Seite 52

Seite 53

Seite 54

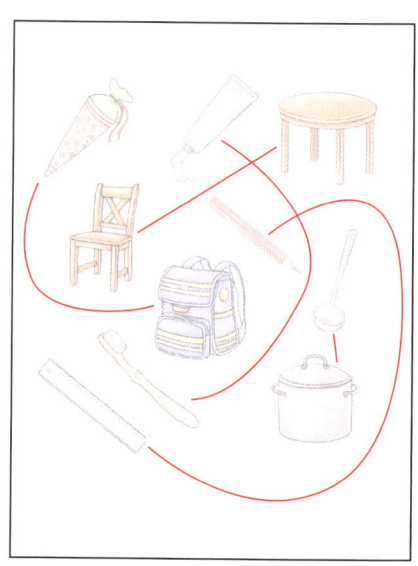

Seite 55

Seite 56

Seite 57

Seite 58

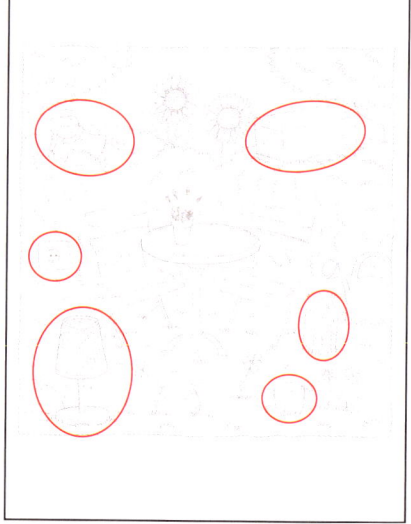

Seite 59

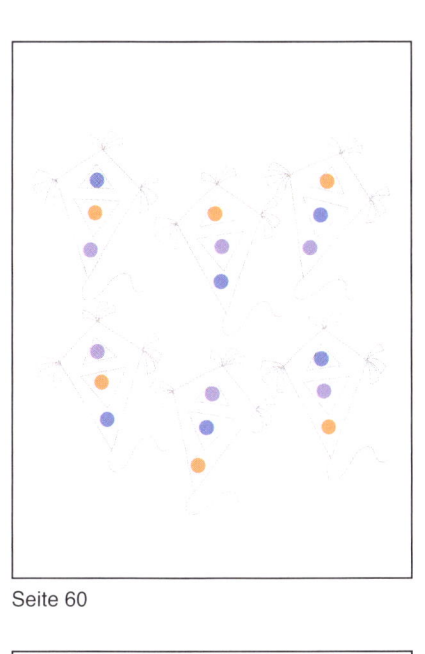

Seite 60

Seite 61

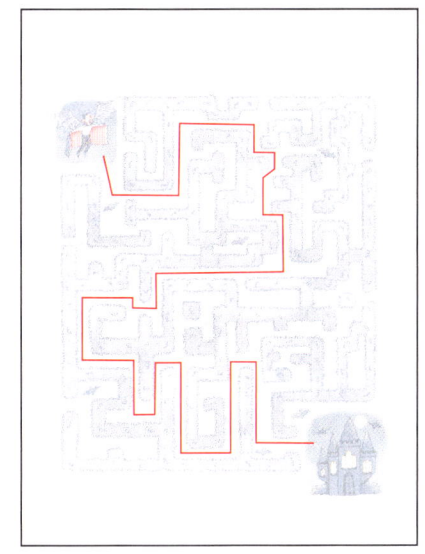

Seite 62

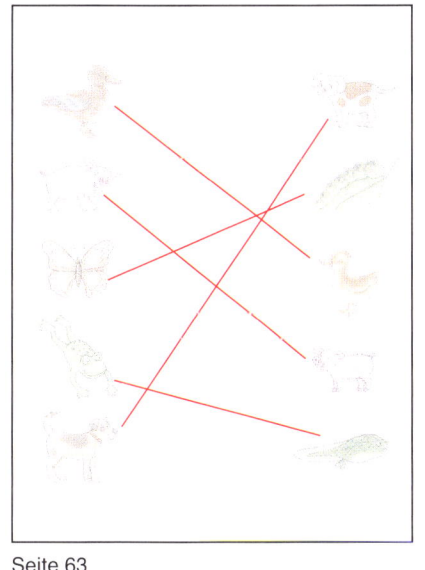

Seite 63

Seite 64

Seite 65

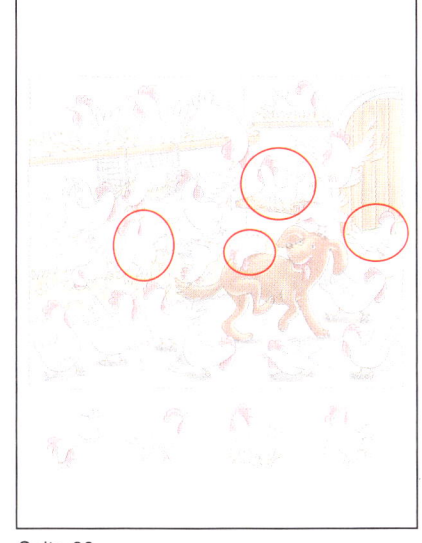

Seite 66

Seite 67

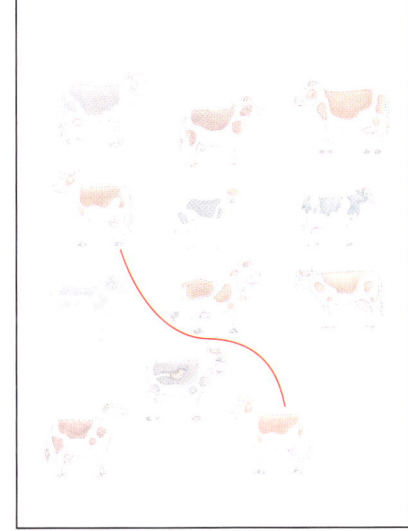

Seite 68

Seite 69

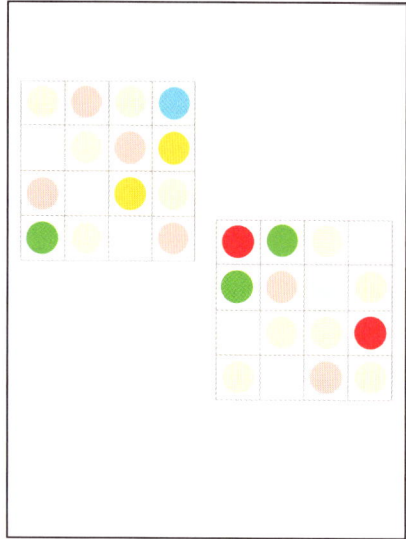

Seite 70